+1cm LOVE

너와 나의 1cm © 2019 by Eun-joo KIM and Hyun-jung YANG
All rights reserved.
Original Korean edition published by Wisdom House Media Group
through Eric Yang Agency Seoul & Tuttle-Mori Agency, Inc., Tokyo
Japanese translation rights © 2019 by Bunkyosha

This book is published with the support of
Publication Industry Promotion Agency of Korea(KPIPA).

たった1cmの差が
あなたの愛をがらりと変える

キム・ウンジュ／文　ヤン・ヒョンジョン／イラスト　カン・バンファ／訳

文響社

はじめに

今、あなたの中に「愛」はどのくらいありますか?

恋人、家族、友人、
仕事仲間、そして動物、植物……。
あなたにとって大切な存在がいる場所は愛の安全地帯。
世間という大海原で傷ついて「自分なんて」と自暴自棄になった時も
その場所で癒されたなら、もう一度立ち上がることができる。
わたしたちはそれぞれ、
固有の愛によって生かされているのではないでしょうか。

「愛は技術であり、学ぶことができる」
ドイツ生まれの精神分析学者エーリッヒ・フロムがそういったように
愛はただ受け取るものではなく、自身で学び、深めていけるものです。
愛が深まれば深まるほど人生は満たされて、
やさしく豊かになっていきます。
そしてあなたの愛は……すでに体の中に溢れるぐらい存在している。
そのことにただ気づきさえすれば
そこにある愛を確かめ、深めていくことは難しくありません。
(深呼吸のように)

この本は
「たった1cm、ものの見方を変えるだけで世界が大きく変わる」
という信念のもとに書かれています。
今回のテーマは「愛」。
あらゆる角度からこの不可思議な営みについて見つめる一冊です。
「つまるところ愛とは?」なんて難しく考えず、
つむがれる愛の言葉に身を浸して、感じてください。
あなたの中にすでにある、無尽蔵の愛を。

恋をするといつもの景色がまったく新しい世界に見えるという事実。
あなたの愛がたった1cmでも深まったなら、
その目に世界はどのように見えるでしょうか。

さあ、いつでもそこにある慣れ親しんだ愛の世界へ。
そして本を閉じたあと、もう一度自分自身に聞いてみてください。

今、わたしの中に「愛」はどのくらいあるか、と。

Contents

はじめに・P004

story 1 はじまりの＋１ｃｍ
生まれたての愛に理由も嘘もない

つながる・P010　たった一つの共通点・P012　新発見　その１・P014　新発見　その２・P016　恋のドアーズ・P020　四つ葉のクローバー気分・P024　知らなかったこと・P026　幸せが逃げていく三つの言葉・P030　シーソー・P032　失敗・P034　伝える勇気・P037　ちょうどいい距離・P038　愛の正体・P042　人生の速度　その１・P044　人生の速度　その２・P046　雨のち晴れ・P049　好みのタイプ・P050　愛情現象・P052　君を好きな理由・P055　遠くの星、近くの月・P058　テレパシーの正体・P060　幸せは逃した汽車の中に・P062　プレゼンＡとＢの間の魅力・P064　変化・P068　焦らず待とう・P070　旅先のその先・P073

story 2 さらに＋１ｃｍ
一緒だから、できること

それでもハッピーエンド・P082　Lover's レーダー・P084　世界の見え方・P088　形・P090　物事との向き合い方・P092　大切なものリスト・P093　難問・P094　一枚の似顔絵に過ぎない・P096　負けるのも悪くない・P098　止まる力・P100　ロマンチックな数式・P103　Smile!・P104　安全地帯・P106　体温・P108　別世界・P110　ひみつの暗号・P112　思い込みに潜む危険・P114　充電中・P116　今日も一段と・P118　主人公・P119　傘になる・P122　100％のわたし・P126　絆創膏・P128　＋１のメリット　その１・P130　＋１のメリット　その２・P132　鎧を脱いで・P134

story 3　深まる+1cm
どこよりも安全地帯

バカだなあ・P138　幸せの足し算・P140　バレてます・P142　持ちつ持たれつ・P144　10文字で愛を・P146　二人だけど一人・P148　全部まるごと・P152　君が嬉しそうだから・P154　景色・P156　人生の速度　その3・P158　愛の副作用・P160　二つの自己・P162　甘くて苦くて甘い・P166　立ち位置・P168　できないけどできること・P170　たとえ引き潮がやってきても・P172　曇りなき目で・P174　オリジナルクーポン・P177　君のプロフェッショナル・P178

story 4　迷子の+1cm
愛が重荷になる時期を乗り越えて

もうやめよう・P184　省略にご注意・P186　長さと深さ・P187　愛の驕り・P188　弱いほどに強いもの・P192　「別れよう」という出まかせの結末・P193　NO MORE ピンポンダッシュ・P198　忘却と幻想の協業・P200　キツネの瓶とツルの皿・P202　終わる理由は終わったから・P204　ラブソング（feat.クマくん）・P208　別れに対する二つの態度・P210　好きという言葉さえいらない時・P216

story 5　そしてこれからも+…
愛は続き、新たにはじまる

ずっと平行線・P220　レッスン・P222　A.B.C.(After Becoming a Couple)問題・P224　ちぐはぐだけど・P229　偶然か、運命か・P232　取っておかなかったロールケーキ・P234　LIVED HAPPILY EVER AFTER・P238　不確実だからこそ・P240　KISS & HUG & LOVE・P242　散歩という薬・P244　V.P.P.(Very Precious Person)問題・P246　憎しみから自由になる・P252　つながる星　その1・P254　つながる星　その2・P256　人生に凍えそうな冬が来ても・P258　愛の図形論・P260　ロマンスの完成・P266

Hug Your Life　愛、その無限の癒しをあなたに・P268

story
1

・・◆・

はじまりの+1cm
生まれたての愛に理由も嘘もない

つながる

空高く浮かぶ
はるか遠くの雲
何光年も離れた星
名もない草花に
いろんな意味を見出せるようになった。

恋はあなたとわたしをつなげ、
わたしたちを新しい世界へとつなげていく。

たった一つの
共通点

クマくん：
茶色
生まれは山
好きな食べ物は牛骨スープ
潔癖症
趣味はアンティーク収集
あなたが好き

シロクマちゃん:
≠真っ白
≠生まれは海
≠好きな食べ物はイワシ
≠片付けるのは苦手
≠新しいもの好き
＝あなたが好き

どんな違いも超えていく、
たった一つの共通点。

新発見　その1

好きな人が見せてくれる空は
いつもよりずっと青かった。

新発見 その2

君の靴を
はきやすいように並べる。

風で乱れた髪を
整えてあげる。

悩んでいる時は
一晩中だって慰める。

恋に落ちると
他人を気遣うスキルがあがり
いつの間にか成長している自分がいた。

相変わらずデート直前には
何を着ていくか悩むけど。

恋のドアーズ

1.
恋のドア。
自分で開けることもあれば
だれかが訪ねてくることもある。

恋に臆病なあなたが
ドアを開けるのをためらっているのなら、
思い切ってまだ見ぬだれかに頼ってみるのもありだ。

ただし、鍵をかけずにおく努力はすること。

2.
コン、コン、コン。
ノックのあとは返事が聞こえるまで待つことが大事。

3.
独(ひと)りが楽なのはわかるけど、
不意にあなたの部屋を訪れた人が
切れっぱなしの電球を替えてくれることだって、きっとある。

4.
強く押しても、引き戸は開かない。
相手への充分な理解と関心なくして心の扉は開かない。

今このドキドキが本当に恋なのか
それとも単にドアを開けてみたいだけなのか
じっくり見極めて。

5.
いつかだれかの部屋に長居することになっても
自分の部屋の掃除や、植木の水やり、
布団をたたみ、時にはすてきな小物で玄関を飾ることを
怠ってはダメ。

「愛」が望んでいるのは
あなたが自分を忘れることではないから。

四つ葉のクローバー気分

自分では見られない
うしろ姿
何気ない横顔
日々の些細(さسا)な仕草を
あなたが見つけてくれる

それはまるで
四つ葉のクローバーにでも
なった気分

ハートの形に削れた石
ピンク色の惑星 GJ504b※
そして四つ葉のクローバー

見つけようとする人にだけ見える
幸運のしるし

※ピンク色の惑星 GJ504b
地球から57光年離れた惑星。近くで見るとピンク色に見えるといわれる。
質量は木星の4倍で温度はおよそ摂氏237度。約1億6千年前に生まれたものと見られている。

知らなかったこと

ぼくは意外と

寒さに強いようだ。

わたしって
がんばり屋だったみたい。

ぼくって意外と
ロマンチック。

わたし、
なかなかやるみたい。

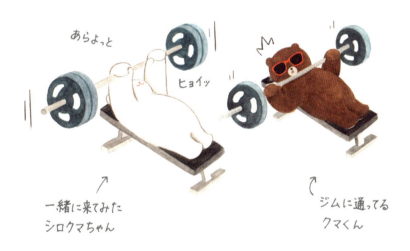

好きな人と過ごすうちに新しい自分に出会える。
それも恋のいいところ。

幸せが逃げていく三つの言葉

「今」ではなく「いつか」

「ここ」ではなく「どこか」

「あなた」ではなく「だれか」

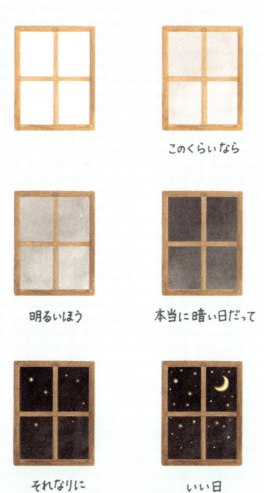

シーソー

ひとりでは
耐え切れない人生の重みも

あなたと一緒なら
ふっと軽くなる。

失敗

「まずい、やっちゃった！」
そんな時
あなたは自分を嫌いになる。
上司に叱られ
ライバルをほくそ笑ませ
仲のいい後輩をがっかりさせてしまう。

けれど
あなたを愛する人は
どんな時もあなたの味方だ。

その信頼が与えてくれるのは
また次の一歩を踏み出す勇気。

変わらない愛がそこにあることで、
あなたは自分自身を信じ続けることができる。

伝える勇気

衝動的な告白も
うまくいけば準備万端

数年越しの告白も
断られれば前のめり

鍵は相手が握っている。
でもその鍵を握らせるのは
告白する当人だ。

確かなのは
ドアがひらくかどうか以前に
どんな告白も
称えられるべき勇気だということ。

鍵を渡せず
心にしまわれたままになった想いは
出せなかった勇気と同じ。

ちょうどいい距離

隣人同士に必要なのは
挨拶は聞こえても真夜中の歌声は聞こえない距離。

上司と部下に必要なのは
デスクは近くても週末は邪魔されない距離。

親友との間に必要なのは
喜びと悲しみを分かち合いながらも孤独を尊重する距離。

自由に枝をのばすため
木々に空間が必要なように
人と人の間にもちょうどいい距離が必要だ。

あなたとわたしの間にも、時に距離が必要。
おだやかな愛をたもつために。

愛の正体

あなたの隣にいる彼は
「愛」そのものではなく
「人」なのだということを肝に銘じよう。

そこにいるのは完全無欠で崇高で
すべてを受け入れてくれる
絵に描いたような「愛」じゃない。

不完全で失敗ばかりで
喜怒哀楽の激しい
生きた「人」なのだ。

それを忘れなければ、

約束に三十分遅刻したことについて
うっかり忘れられた記念日について
二度としないという約束を破ったことについて
悩み相談に携帯をいじりながら応じる態度について

がっかりして怒って「愛」を否定するのではなく
彼を「人」として理解しようという余裕を
ほら、持つことができる。

愛の素顔は遠目に見た時ほど
すべらかな肌ではないかもしれない。

けれど寄り添えば寄り添うほど
そのくちびるは温かく生に満ち、どこまでも甘い。

人生の速度 その1

猛スピードで通り過ぎる都会のスポーツカー
遅々として進まない帰宅前の会議

毎日どこも、速すぎたり遅すぎたりして
ほとほと疲れてしまうけれど

帰り道に吹く風の速度
木の葉が舞い落ちる速度
木陰のベンチで聴く音楽の速度は
いつだってちょうどいい。

木陰のベンチで一緒に音楽を聴く
あなたの鼓動が
トクントクンとわたしを慰める。

人生の速度はこのくらいで大丈夫。
二人で歩く速度はこのくらいで大丈夫。

そんなふうに。

人生の速度 その2

恋をした日から
メトロノームが動きはじめる。

足早に歩いていた人も
食べるのが遅かった人も
恋した相手の速度に合わせたメトロノームが
カチ、カチ、カチと動き出す。

次の春を一緒に待ち、
暑かったり寒かったりする季節を過ごしながら、
同じ速度で人生を歩んでいく。

愛とは
互いの速度の中に
留まること。

おそらくは、

← 点線を折ってみて

心臓という
もう一つのメトロノームが
止まるまで。

雨のち晴れ

明日も
君に会える♪

メールの返事が
こない...

今日は 雲の下
明日は 雲の上

それが 恋というもの

好みのタイプ

「好みのタイプはどんな人?」
と聞かれて、いつぞやのあなたはこう答えた。

「マッチョな人」
「かっこいい人」
「センスいい人」
「クールな人」

けれどもそれは
「ぷよぷよのお腹がかわいくて」
「ほっこりした笑顔の」
「センスとかどうでもいいし」
「とにかく一緒にいると楽しい」
あなたに出会い
今はもう、幻の答えとなった。

いつだって理想と現実には隔たりがある。
愛はその壁をひょいと飛び越える。

愛情現象

〈写真を撮る時〉

シロクマちゃんの顔を小さくね

〈エレベーターで〉

ぎゅうぎゅう

快適〜

大丈夫。
深すぎていけない愛はない。

君を好きな理由

使い終わったノートを捨てられない
犬の湿った鼻を触るのが好き
本は好きなページから飛ばし飛ばし読む
時々、熱々のオニオンスープが飲みたくなる

うん、僕も同じだ。

頭に血がのぼった時は数学の本を読む
ストライプのシャツを集めてる
旅先のホテルでは朝食より睡眠
香水はつけない

あれ、そこは僕と違う。

同じところは嬉しいし
違うところは魅力的。
なぜだろう。

答えは決まってる。
恋だ。

同じところも違うところも
そのすべてが
「君が好き」を支える理由になる。

遠くの星、近くの月

遠ければ無数の星。

近づけば唯一の月。

1cmずつひかれあい
今そこにいるあなたは
僕にとって、たった一つの月。

テレパシーの正体

「なんでこれが食べたいってわかったの?」
「なんでこれが聴きたいってわかったの?」
「なんでこれが読みたいってわかったの?」

「テレパシーが通じたみたいだ」

テレパシーとはつまり

相手への関心である。

幸せは逃した汽車の中に

汽車に乗り遅れた人がいる。
「幸せはどこに？」と尋ねると
乗り遅れた汽車の中にあると言う。

夕食を食べ損ねた人がいる。
「幸せはどこに？」と尋ねると
食べ損ねた温かい夕食にあると言う。

どうやら、どちらも幸せを手にできなかったようだ。

けれど
汽車に乗り遅れた人は駅で温かいご飯とスープを食べ
夕食を食べ損ねた人は汽車に乗った。
二人はお互いの思う幸せを手にしていた。

逃したものの中にのみ幸せを探せば
幸せは永遠に手に入らず、
持てるものの中に幸せを探せば
幸せはいつだってそこにある。

そう、幸せは手の中にすでにあるのだ。

happiness

このページに
手をあててみよう

プレゼンAとBの間の魅力

恋に関するケーススタディーなら腐るほどある。
テレビドラマの純愛、悲恋、夫婦愛
名台詞が目白押しのラブコメ映画
職場の同僚たちの社内恋愛
学生時代、雨の日に耳をそばだてて聞いた担任の先生の初恋話……。

数え切れないほどのケーススタディーを網羅し
恋に関してなら博士号でも取れそうな勢いだけど
いざ自分のところに実践するチャンスが舞いこんでくると
初めて現場に赴く刑事や
初めてオーケストラの舞台に立つ新米団員のように
信じられないミスを連発する自分がいる。

犯人の指紋に自分の指紋を重ねるとか
バイオリンパートにシンバルを叩いてしまうとか
そういう致命的なミスではないにしても、
初デートで水が気管に入って3分間もむせ続ける
ただでさえサムいジョークをますますサムいものにする
帰り際にトイレの鏡で歯にはさまった青海苔を見つける
などという、二度と思い出したくないミスを犯してしまう。

そこそこ自信があった話術や
完璧主義のプライドはどこかへ吹き飛び、
初デートはイケてない自分を再発見する事件現場となる。
（夜はひとり反省会、または布団キックで我が身を呪う）

だけど君、安心したまえ。
恋はビジネスとは違って
クールなやり手が常に有利というわけじゃないのだ。

ビジネスの現場では巧みなプレゼン力が必要だけれど
恋の現場では、
まっすぐな眼差しのほうが心に残ることだって
噛み噛みの言い間違いに救われることだって
準備していたプレゼンA（髪をかきあげる）と
プレゼンB（飲み物にストローを挿してあげる）の間の
まったく準備していなかった「ふと窓の外を見やる姿」に
相手が何かしらの魅力を感じることだってある。

だから、
恋をはじめるにあたって完璧を追求したり
徹底したプレゼン準備やリハーサルをしたり
小さなミスで自分を呪ったりする必要はない。

恋のはじまりにはいつだって
予想外のハプニングが起こるものだから。

そしてそのハプニングは
前もって計算し、意図してつくりあげた何かではなく、
あなた本来の
自然な姿そのものであるかもしれないのだから。

変化

最高にファンタスティックな変化は

砂糖がわたあめになること。

最高にロマンチックな変化は
そのわたあめを、二人で食べるようになったこと。

焦らず待とう

キスとキスの間が長くなると切なさがつのり
疑問と答えの間が長くなると好奇心がふくらみ
目標と達成の間が長くなると気持ちがひきしまる。

すぐさま手に入る愛、答え、成功よりも
我慢してじっと待ってから手に入れるそれのほうが
愛は深まり、
世界は広がり、
わたしたちは成長する。

3分でできるレトルトご飯より
じっくり蒸らした土鍋ご飯のほうが
ずっと体に良くておいしいように。

旅先のその先

初めて訪れた土地の新しい風景はときめきをくれる。
密度の違う空の色
固有植物のエキゾチックな影
しゃれた外国語の道路標識。
いつもはつい辛口になるグルメ評価が
旅先では何を食べても「デリシャス」になったり
無愛想で有名な自分がすれ違う人にしきりに笑いかけながら
「サンキュー」を連発していたり。
複雑な地下鉄の乗り換え
地図通りに行っても現れない目的地
たびたび見舞われるスコール。
そんな予測不可能な出来事さえも、
旅先では新鮮なアトラクションに変わるのである。

けれど、旅も後半に差しかかると、
新しいものに対するアンテナが麻痺していく。
道路標識に感じていたときめきは消え
予測不可能な出来事は新鮮どころかイライラの元凶になり
「ここの地下鉄はどうしてこんなに非効率なわけ!?」
なんて不満を抱くようになる。

それから、慣れ親しんだ家への懐かしさが体中に広がっていく。
「白いご飯にお味噌汁、漬物と卵焼き食べたい」
「ソファに寝転んで、いつものリモコンを握りたい」
そんな気持ちでいっぱいになる。
旅とはつまり、
もといた場所に戻るためのものなのだと実感する。

・・・

時の経過とともに、ときめきが懐かしさに変わっていくのは
恋に落ち、相手との関係を維持する過程と同じだ。

つなぐたびにドキドキしていた彼の手の感触が
いつしか家のリモコンと同じように日常に馴染んでいく。
彼はもとより同じ彼だが、新鮮な部分を発見する喜びは
彼が変わらずそこにいることへの安心に変わっていくのだ。

旅先から家に戻るのに長時間のフライトが必要なように
恋人と関係を馴染ませていくのにもそれなりの時間が必要だ。
いくつかの季節を一緒に過ごした先に
彼の性格や好みはもちろんのこと
「映画のこのシーンで泣くだろうな、笑うだろうな」

というような細かいことまで予測可能になり
そのタイミングでぎゅっと手を握ってあげたり、
一緒に大笑いしたりできるようになる。

どんな時に子どもみたいに笑うのか
どんな言葉に顔を赤らめるのか
三回目の記念日にはどんなプレゼントがほしいのか
ハグが必要なのはいつか
頭ではなくハートでわかるようになる。

反対にこちらが落ち込んでいる時は
いつだって、ぎゅっと抱きしめてくれるだろうことも。

● ● ●

もし、いつまでたっても彼が自分にとって旅先のような存在で
予測不可能なアトラクションが続くのなら、
その関係は俄然危ぶまれる。

急に連絡がとれなくなってやきもきしたり
いつ怒り出すかとハラハラしたり
何を考えているのかわからなかったり。

別の人に心変わりするんじゃないかという
不安がいつも心の片隅にあるのなら、
あなたがいくら頑張ってもその関係は行き詰まっていくだろう。

相手を不安にさせ続けることは愛ではなく、感情の暴力。
愛がもたらす最大の慰めの一つは
予測不可能な世界においても
予測可能な心地よさを感じられるということだから。
旅先から我が家に帰れないのなら、
旅はただの放浪にしかならない。

にもかかわらず、
相手のことを全部予測できるという事実が
何度も観た映画のように退屈になって
いつかすっかり飽きてしまうのではと時に心配になることもある。
衝動的に旅に出たくなるように
彼以外の場所を魅力的に感じたらどうしようなんて
内心不安になることがあるかもしれない。

でも、
予測不可能なことに時間をむだにすることはない。
根拠のない疑いや心配を、愛は必要としない。

自分の意のままにならない部分まで認めることもまた、愛だから。

もう一つ、
予測可能な相手と共に人生の新しい出来事に遭遇することは
心地よさ＋ときめきというこの上ない喜びだ。
たとえば一緒に旅に出る時。
機内で口を開けて寝る姿にがっかりされることもなく
疲れたら遠慮せずにそう言えばいいし
いまいちな料理を「ええ、おいしいです。ホホホ」なんてごまかさず
本音で語り合えるのも慣れ親しんだ人とだからこそ。
はたまた会話も忘れておいしい料理に夢中になったっていい。

「慣れ親しむ」と「飽き飽きする」は同義語じゃない。
台詞を覚えてしまうほど繰り返し観た映画なら
それはあなたにとって人生のベスト映画。
次に何が起こるかわかっていても
結末を知っていても
見るたびに新しい感動をくれる名作のはずだ。

冬になればいつものクリスマスソングが
またチャートにランクインするように。
冬が終われば変わらず桜並木に
心ときめくように。

慣れ親しんだ人との愛は飽きることなく温かい。
まるで春のように。

story 2

• • •

さらに+1cm
一緒だから、できること

それでもハッピーエンド

散々な日の終わりに　　あなたがいるなら

Lover's レーダー

菜の花畑で黄色いワンピース
雪原で白いダウンジャケット
暗闇で黒い傘
オアフ島でアロハシャツ

たとえ観衆がひしめく野球場の中でも
好きな人は簡単に見つけられる。

だからもし、

クマくんと一緒にシロクマちゃんを探してね

シロクマちゃんを探せ！

所要時間
0.001

毎日の中で
ふと目で追ってしまう人がいるのなら
そっと恋の可能性を感じてみよう。

それが指名手配犯や
テレビの中の芸能人や
冥王星からやってきた緑の髪の宇宙人でないのなら。

世界の見え方

Q. 彼女は何をしている？

A.
1. 平手打ちをしている
2. 彼の顔をなでている

あなたが今愛に包まれているなら
2の視点で世界を見ている確率が高い。

その視点は周囲にも
温もりとプラスのエネルギーを与える。
結果、世界が今以上に美しくなる確率も高まる。

だれかを心から想う時
その愛は美しい額縁となって
あなたの世界を輝かせる。

イヤホンで大好きな音楽を聴いていると
いつもの町がどこか美しく見えるように。

形

上から見たら
ただのマル

でも

少し角度を
変えて
見たら……

ほら、
これが愛の形

How to:
本を開いて
下から見ると…

物事との向き合い方

木を見ず森を見よ、という。

でも森が広すぎると感じる時には
木々の中を歩いてみればいい。

だれかを理解したいと思った時も
その手段が有効だ。

大切なものリスト

人生を歩む中で
たとえ「大切なもの」が失われたとしても
嘆くことはない。
生きている限り
このリストは変化し続けるのだから。

難問

この先どうやって生きていけばいいのか。
そんな人生の難問に頭を抱えている時

「だーれだ?」

君が問題を出した。

目をつぶったまま答えられるその問いに
心がふっと軽くなる。

一枚の似顔絵に過ぎない

似顔絵はおもしろい。
たとえ実物よりブサイクに仕上がったとしても。

社会の中で
自分が思っていたより
ぞんざいな扱いを受けた時も、
一枚のブサイクな似顔絵をもらったのだと思えば
笑って受け流す余裕が生まれる。

負けるのも悪くない

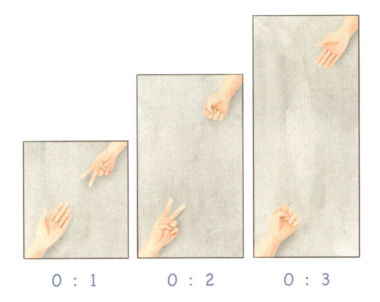

負けても全然悔しくない。
この気分もまた
愛がもたらす心の平穏。

止まる力

大抵の物事はいつか止まる。
空を泳ぐ凧も
時計の針も
にわか雨も。

でも
止めるのが難しい物事もある。

正解のない仕事への焦り
振り切ることができない将来への不安
忘れることができないだれかへの怒りや憎しみ。

時を問わず終わりもない。
そういった物事に対しては
自ら止まろうとする努力が大切だ。

まず自分自身で
「一時停止」が必要だと気づくこと。

それから
方向転換の道を見つけること。
アフターファイブを充実させたり
夢中になれる習い事をはじめたり
新しい恋を見つけに出かけたりといったふうに。

そうやって立ち止まった時
新たに方向を定めることができる。

ぐるぐると止められなかった
重く濁った思考を手放して
あなたはまた軽い足取りで前へ進む。

そう、エネルギーは動くためだけに必要なんじゃない。
止まるためにも必要なのだ。

ロマンチックな数式

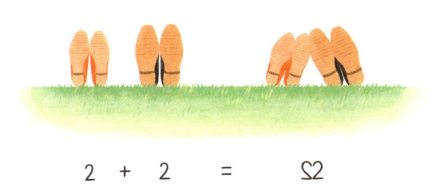

Smile!

知ってた？
悲しい顔には笑顔が隠れてるって。
二人なら
今日という日を簡単に
笑顔に変えられるって。

安全地帯

彼女のヘンテコなヘアスタイル
季節はずれのウエスタンブーツ
子どもじみた行動の数々

それが彼の目に天真爛漫に映るのであれば
一般的な見方は違っても
目を覚ますよう説得することはなかなかできない。

恋は二人だけの城。
城壁の中は他人の視線や世間のジャッジから守られた世界。
お母さんのお腹の中のように心地よく、安全な場所。

サバイバルな城の外では評価や待遇は一瞬にして変わりえる。
意図せず批判されたり、持ち上げられたり
再びそこから引きずり下ろされることだってある。

けれど、ひとたび城の中に入れば
変わらぬ愛と信頼があなたを待つ。
こんなにも心地よくおだやかで、
幸せな場所はまたとないはずだ。

都会の空では見えなくても
季節の星がいつもそこにあることはロマンチックな事実。
あなたにとっての真の愛は、あなたにしか見えない。

体温

36.5度。

同じ温度なのに
触れ合うと温かい。

手と手をつないだ時の

不思議。

別世界

世間は努力の結果をほしがり、

愛は努力そのものに感動する。

ひみつの暗号

シロクマちゃん
シロちゃん
シロ
ホワイティ……。

恋人は、あなたのことを何て呼ぶ?

その愛称はひみつの暗号。
二人の城に入るための
「山」
「川」
みたいな合言葉。

［シロクマ］

北極の生態系の
頂点に立つ捕食者。
猛獣の凶暴さと
攻撃性を備え…

［シロクマちゃん］

クマくんの愛を一身に受ける
ガールフレンド。
かわいくて
とびきりやさしくて
細やかな気遣いができて…

思い込みに潜む危険

「女の子はぬいぐるみが好き」
という思い込みは
「おばあちゃんと子どもはテロリストじゃない」
という仮定のように
隠れた危険をはらんでいる。

デートの日、
人混みの真ん中で
等身大のぬいぐるみをプレゼントして
どんな危険な状況になるかは未知数だ。

充電中

3.
君に会った瞬間に
彩りで満たされていく。
すてきな笑い声
励ましと愛情
やさしい眼差し
見返りを求めない
温かい応援

1.
途絶えることを知らない
街の騒音
本当の僕を知らない人からの
批判、偏見、けん制

4.
君がいてくれるだけで
ほっと息がつける。

どうやら愛には、
心蝕む世間の騒音を
静める力があるようだ。

2.
親切の見返りは
冷たい眼差し
疲れきって
カラカラに干からびた
僕の世界は

← 山折りにしてみてね

今日も一段と

サンタクロースを信じるための
やさしい嘘のように

恋人たちの間にも
時には夢を壊さないための
小さな嘘が必要である。

主人公

リビングにかけられた
有名な画家の絵（20枚限定のエッチング ED.NO.7）は
家の雰囲気をアップグレードしてくれる。

同じように、ある研究によれば
魅力的なパートナーを持った場合
あなたの魅力もアップグレードされるのだという。

それは
あんなに魅力的なパートナーがいるのだから
「さほど」大したことなさそうなこの人にも
何かしらあるのではないかという勝手な憶測なのか、
はたまた単純なハロー効果※なのか。

※ハロー効果
ある対象を評価する時に、そのものの持つ目立った特徴に引きずられ、他の特徴への評価が影響を受けたり歪められたりする現象。

けれどよく考えてみて。

有名な画家の絵がかかったリビングも
あなたのすてきな恋人も
そしてあなた自身も
他人から見える姿は限定的で世俗的で
30秒で描いたクロッキーのように雑なものだ。
見た目やキャリア、ファッションや財力。
評価の根拠は大抵そういったものに限定されるけれど
あなたの恋人がどんな車に乗っているかより
その車であなたにどんな風景を見せてくれるのか
そっちのほうがずっと大事だし、その景色を他人は知りえない。

第三者の言葉に気分を左右される必要はないのだ。

リビングにかかったあの絵は、
だれの目にもすばらしくすてきに見えることだろう。
でも実はその隣にかけられた愛娘の下手くそな絵のほうが
家族にとってはずっと大切な作品なのかもしれないのだ。

他人に褒め言葉を求めることはない。
他人の批評を気にすることもない。
自分たちが外から見てどんな風景に映っているのかは、
正直どうでもいいことだ。

あなたは、すでにその風景の中にいるのだから。
外から見ているのではなく
そこにいる、愛の主人公なのだから。

傘になる

人生という雨の中。
傘に入ってきたその人を
そっと抱き寄せる時、

あなたはこの先の人生を
二人で共に生きようと決める。
その人がなるべく雨に濡れないように
傘を斜めに差しかけながら。

100％のわたし

恋人にだけ見せる姿は
子どもの頃の自分に似ている。

ちょっぴりわがままで
いたずら好きで
すぐに落ち込んでふてくされる。

言い換えれば
我慢せず、どこまでも純粋で
自分を100％表現できるということ。

それって、とてもすてきなことだ。

〈 現在のシロクマちゃん 〉　　〈 子どもの頃のシロクマちゃん 〉

絆創膏

傷ついたわたしは

あなたの愛で元気になれる。

+1のメリット その1

1人だとしんみり

2人だとロマンス

1人だとナルシスト

2人だと思い出づくり

1人だと自分との戦い

2人だと午後の平和

1人だとドラマ中毒

2人だと現実がドラマ

＋1のメリット その2

風船を持って歩いてもはずかしく、ない！

君と一緒でよかったと思える
1万個の事柄の一つ。

鎧を脱いで

しっかりと鎧を着て臨む
取引先でのプレゼンや
初デートの食事の席で
ありえない失敗をして大慌ての時は
ついつい感情的になって爆発寸前、
真っ赤になってしまう僕も

今、君といる時は
すっかり鎧を脱ぐことができる。
緊張でガチガチになった肩の力を抜いて
思う存分リラックスできる。

ここは感情の非武装地帯。

〈2年後〉

story
3

∎ ∎

深まる + 1cm

どこよりも安全地帯

バカだなあ

いつまでも待ち続け
何気ない一言を胸に刻み
ほんの一瞬のために何日もつぎ込み
一番好きなものまで譲る。

「バカだなあ」

恋をしていない人から見れば
バカそのもの。

恋は世に言う計算とはほど遠い。
経済学的に見れば最も非効率
論理学的に見れば最も非理性的
政治外交的に見れば
弱い立場を甘んじて受け入れている。

計算もない
効率も気にしない
弱みも握られっぱなし
でもだからこそ、
ありのままの自分でいられる。

二人の世界は
そうやってつくられる。

愛はそんなふうにはじまり
そんなふうに続いていくのだ。

幸せの足し算

アイスクリームの喪失。
すなわちそれは
ハッピーな思い出のできあがり。

幸せの足し算は
こんなに簡単！

バレてます

「好き」の証拠隠滅は難しい。
その結果、犯人は無期限の「愛する刑」
または数カ月の「片想いの刑」に処される。

幸い、どちらも人生の糧になる経験だ。

持ちつ持たれつ

この世には、
電球交換
パソコン修理
虫退治
バック駐車が得意な彼女と
そのどれもが苦手な彼氏が存在する。

不思議なことに、
片方が苦手なことを
もう片方はいとも簡単にやってのけてしまうのである。

そんな二人が出会った奇跡。

恋のキューピッドや運命の赤い糸は
本当に存在しているのかもしれない。

10文字で愛を

1	2	3	4	5	6	7	8	9	10
コ	ッ	プ	1	、	ス	ト	ロ	ー	2

あなたの愛を10文字で表すなら？

二人だけど一人

一人になりたい時がある。
そのくせ一人ぼっちは寂しい。

そんな時、一人でいられながらも
「一緒」の温もりをくれる君。

二人だけど一人
メビウスの輪やペンローズの階段※のようなことが
実際に起こりえる。
二人の愛が熟した時に。

※ペンローズの階段
イギリスの数学者ロジャー・ペンローズと、彼の父親ライオネル・ペンローズが
考案した図形。二次元では存在するが、三次元での実現は不可能。

帽子の知られざる機能：アローンモード

視線を遮断することで　　　つばが広いほど
得られる心の安心　　　　安心感がアップ

甘いけど甘すぎない
さわやかだけど酸っぱくはない

ちょうどよく熟れた
果実のような時間。

全部まるごと

ドラマのヒロインは金持ちの男性とよく恋に落ちる。
彼の財力にはまったく興味がない顔をしたヒロインが
ドラマの中盤でデパートに連れて行かれ、
頭のてっぺんから足のつま先までプリンセスみたいに変身するシーンに
ワクワクする視聴者は多いだろう。

「彼の経済力に恋したわけじゃない！」
と言いたい気持ちはわかるけれど、
反資本主義社会に生きるかのような態度はかえって不自然だ。
恋のはじまりに世俗的な部分があることは充分にありえるのだから。

下心の割合によって純粋さは少なからず色あせるけれど
もし、彼のその世俗的な長所が失われたとしても
彼女の気持ちが変わらないのなら
その恋の純粋さはより確かなものとなる。

魚の骨をすっと抜き取るように下心を排除する必要はない。
あなたの心が彼を全部まるごと好きでいるのなら、
だれが何と言おうとその恋の純粋さに変わりはない。

君が嬉しそうだから

大変だけどやめないのは
君が嬉しそうだから。

景色

「だれと一緒に世界を見るか」は
とても重要だ。

時と場合によって、
世界は隠された美をあらわにするから。

人生の速度 その3

君のもとへ駆けつける
君の気持ちを推し量る
君の頼みに手を差し出す
君の変化に反応する

想えば想うほど、
その速度は速くなる。

愛の副作用

〈 おいしいピザの食べ方 〉

1. コーラと一緒に食べる

2. あなたと一緒に食べる

〈 おいしいホットドッグの食べ方 〉

1. ケチャップをかけて食べる

2. あなたと一緒に食べる

〈 おいしいアイスクリームの食べ方 〉

1. チョコチップなどをトッピングする

2. あなたと一緒に食べる

一緒に食べると何でもおいしい。
それが愛の数少ない副作用。

二つの自己

「ピザ食べようか?」
「いいよ!」

この「いいよ!」には二つの意味が隠されている。

　1. わたしもピザが食べたい。
　2. あなたのために(気乗りはしないが)つきあうよ。

愛がはじまったばかりの時、我々は好きな人の提案を無条件に
「いいアイデアだね!」と驚きの笑顔まで添えて受け入れがちだ。
「やだ」と正直に答えた瞬間、地盤が崩れるんじゃないか
そんな恐れが少なからず存在し、
本当の気持ちをサブメンバーのようにベンチに控えさせる。

けれど両チームの緊迫したプレーが好試合を生むように
二人の関係もどちらか一方の犠牲では成り立たない。
すべてを相手に譲り自分のスペースをなくすことは愛ではない。
むしろ自分のあるがままを受け入れてもらうのが愛だ。

今回は彼が観たい映画
その次はわたしが観たい舞台
そのまた次は彼が行きたいデートスポット

シーソーみたいに少しずつ譲り合うことで
愛は成長する。
アフリカのクモを集めているとか
食事中に大きな音を立てるとか
時にはやや受け入れ難い一面に触れることもあるけれど
受け入れ理解することで、さらに深まっていく。

・・・

ありのままの自分を見せられず
ありのままの相手を受け入れられないと、
シーソーはグラグラと不安定になってしまう。
不均衡が長く続くと
愛はピサの斜塔のように
傾いた愛の遺跡として残る可能性が高いのでご注意を。

・・・

愛とは、
相手に合わせて自己を犠牲にすることでもなければ
どちらが優勢か試すことでもない。
今日は何が食べたいのかを正直に伝え合い
時に譲り時に譲らず、
共に決める過程こそ愛である。

自分を大切にしながら相手を思いやる。
どちらも楽に息ができる場所を一緒につくっていく。
二色の絵の具が混ざっていくように
二つの自己は本来の色を損なわず、
新しい色となって美しい絵を描きだす。

甘くて苦くて甘い

コーヒーがなみなみと注がれたカップに

たっぷりとホイップクリームをのせる

ウインナーコーヒー。

クリームは友情、尊重、尊敬、信頼……。

時にほろ苦い「愛」というコーヒーの味を

いっそう豊かなものにする。

立ち位置

風が吹くほうは
愛とは何かを知る人の立ち位置。

できないけどできること

ピラティスをはじめるかヨガにするかという悩み
トートバッグを買うかショルダーバッグを買うかの選択
民放のドラマと海外ドラマについての討論
長持ちするのにべたつかないヘアワックス、あるいは
にじまず長持ちするアイライナーについての議論。

どんなに仲のいい恋人がいても
友達とのほうが盛りあがるテーマがある。

そんな時は、
どうぞごゆっくり。
愛情にできないことを
友情に譲るのも
愛の成しえること。

たとえ引き潮がやってきても

陽射しを受けてゆらゆらきらめく満ち潮の海は
水の中に豊かな生命が息づいていることを想わせる。

満ち潮のように愛がときめきと憧れに満ちている時
目の前の世界はあまりに美しく、
水の中にもさらにすてきな光景が広がっているのではと
期待がふくらむばかりとなる。

夕暮れ時、引き潮がやってくる。
すると海は水面下に隠していた底をあらわにする。
キラキラ輝くロマンチックな風景は消えさり
一面灰色の泥に覆われた海底が現れる。

一見、死んだような風景に見えるかもしれない。
でも目をこらせばヤドカリや小さなカニが忙しげに行き来し
魂の渇きを潤すような配慮、関心、信頼、慰め、
温もりに満ちた感情がそこここにちゃんと落ちている。

ロマンチックな風景はすてきだけれど、
それが愛のすべてではないのだ。

潮が満ち、引いて。
美しい幻想が消えさったあとも
海の底に揺るがない信頼が根を下ろしていてこそ
初めて愛は継続する。

そして二人は
次なる満ち潮の風景を共に待ち、共に迎える。

曇りなき目で

過去の経験によって次の恋に臆病になることがある。
浮気されたり
お金の問題があったり
どうしてみんなわたしを傷つけるんだろうと悩み
前に進めなくなる。

振り返ってみれば、あなたを傷つけたその人は
バッドエンドを予想させるヒントがたくさんあったにもかかわらず
それを無視して向き合った人ではないだろうか。
本当はそのろくでもない態度に気づいていたのに
恋心を理由にその人の肩を持ち
未来を楽観してはいなかっただろうか。

ナイーブな人の恋愛はナイーブで
やさしい人の恋愛はやさしい。
嘘つきな人は恋においても嘘つきだし
わがままな人は身近な人にもわがままで
暴力的な人はしばしば恋人に手をあげる。
単純なことだけれど、恋愛はその人に似るのだ。

悲しいかな一度好きになってしまうと
「あれ?」と感じる事実があっても
今回だけは例外条項を設けたいという誘惑に駆られてしまう。
「そこも含めて特別な人だから」とか
「わたしにはそんなことしないから」とか。
しかし残念ながら、例外条項の例外は発生、する。

恋は盲目などというけれど
相手の本性までも見えなくなってはいけない。
見て見ぬふりをしてはいけない。

愛は特別なイベントではなく
日常の中で続いていく人生の一部。
見ないふりをした相手の本性は結局表に出てくるしかなく
それによって傷つくのは一番近くにいる人、あなただ。

もしも好意を寄せ合っている相手が
子どもが落としたおもちゃを不意に踏んでしまった時、
謝るのではなく

「ここはお前んちの庭じゃねえぞ」
なんて冷たく言い放ったとしたら、
すぐにその人のそばからできるだけ離れたほうがいい。
子どもに向けられたその冷たい眼差しは
いつかあなたに向けられるだろうから。

愛を信じるのは当然だ。
愛は人を変えられると信じたい気持ちもわかる。
「あのカエルだって、愛の力で王子の姿に戻ったじゃない」って。

でも、はっきりさせるべき事実は
あなたのカエルの王子様が
もとからカエルだったかもしれない、
ということである。

オリジナルクーポン

仕事が早く終わった夕方
晴れの日
あるいは雨の週末
「僕の時間」フリーパスを
無料で君にあげよう。

「やさしさ3種盛り合わせ」限定1名様
「週末デートのフルコース」お試し券
「真摯な眼差し」回数券
そんなオリジナルクーポンを
永久におかわり自由にしてあげよう。

広い心と許しと理解。
惜しみなく酸素を与え続ける木々の気持ちが
今の僕にはよくわかるんだ。

オリジナルクーポンを作ってみよう

広い心
Coupon for
'Generosity'

許し
Coupon for
'Forgiveness'

理解
Coupon for
'Understanding'

全部、君に
Coupon for
'All yours'

君のプロフェッショナル

何かのプロフェッショナルになるということは
その対象の専門家となり
その対象を形づくる究極の要素をつきとめるということだ。
自問自答とチャレンジ、失敗を重ね
対象をより深く理解し発見していく。

たとえばプロのシナリオ作家は
「を」より「は」のほうが主人公の気持ちが伝わることや
隠喩法より倒置法のほうがより共感を呼ぶことを見抜き
ここぞというところで助詞、符号、修辞法を使い分ける。

プロの航海士は海風から天気を予測し
すご腕のコックは計量スプーンを使わずして塩加減を調整する。
プロのバスケットボール選手はボールが手を離れる時の感覚だけで
リングにあたって跳ね返るかギリギリで入るか
それともスパッと気持ちよくゴールできるかを感じ取る。

プロフェッショナルな能力は
無数のケーススタディーや長きにわたる練習、投資、研鑽
多くの経験とそこから得た情報を生かした予測と結果
数々の失敗と成功により、確実にのびていく。

・・・

人間が精通する対象は仕事やスポーツに留まらない。
わたしたちは愛する人のプロフェッショナルになることもできるのだ。
数え切れないほどのケンカと仲直り
共に過ごした時間からたどり着く予測と結果
鍛えられた直感から一人の人間を深く理解し発見する。

プロフェッショナルになることで
たとえば最初は「冷たい」と思っていた彼が
だれより温かい心の持ち主だとわかったり
「仕事人間」だと思っていた彼女が
プライベートではちょっととぼけた
人間味溢れる魅力の持ち主だということを知ったり。

もちろん、いいところばかりではない。
愛する人のプロフェッショナルになっていく過程の中で
短所やコンプレックス、隠された心の傷
ダメダメな部分を発見したりもするだろう。
でもその時にはもう
あなたはその人のプロフェッショナルになりつつある。
数え切れないケンカと失望を乗り越えて
その人に精通すればするほど愛おしく感じるのなら、
短所は大して重要でなくなる。
欠点も快く受け止めたいとさえ思う。
その時
あなたは人生のすべてをその人と共有し、
分かち合うことができる。

・・・

愛する人のプロフェッショナルになるということはもしかすると
仕事やスポーツのプロフェッショナルになることと同じくらい、
いやそれ以上に、人生に楽しみをもたらしてくれるのかもしれない。

story 4

▲▲▲

迷子の+1cm
愛が重荷になる時期を乗り越えて

もうやめよう

　　心無い言葉に傷ついて
　　自分が好きなものを譲ってばかり。
　　心変わりされることに怯え
　　寂しくてたまらず
　　ずっと不安が続いている。

　　想う気持ちを代償に
　　どんどん自分が小さくなっていくような恋は
　　すでにお気づきのように
　　もう手放したほうがいい。

　　愛の犠牲になるなんてバカげている。

　　だって愛は
　　あなたという犠牲など望んでいない。
　　愛が望んでいるのは
　　ありのままのあなただけ。

省略にご注意

すっかり慣れて親しんで
楽ちんになったあの人との関係。

細やかな思いやりは省略
寝る前のキスも省略
自分の気持ちを伝えることも省略
相手を喜ばせることも省略
省略、省略、省略……。

こうなると、愛だって省略されてしまう。

感謝のあるべき場所に「当たり前」が居座ると
鮮やかだった愛は
瞬く間に色あせてしまう。

長さと深さ

愛の「長さ」と別れるまでの時間は
比例しない
愛の「深さ」と別れるまでの時間は
比例する

その愛がどんなふうに営まれたかによって
何年も共に過ごした二人が
あっけなく終わりを迎えることもあれば

知り合ってたった数日で
生涯を共にする愛に出会うこともある

愛の驕り

時として相手の気持ちに甘えすぎてしまうことがある。
「ごめ〜ん」と鼻声交じりのウインクをして
指でつくったハートを投げれば
すべて許されると勘違いしている世間知らずな娘のように
愛は無条件の許しにつながるものだと誤解して。

けれども、
「こんなに愛されているのだから大丈夫」という思い込みは
相手の愛を尊重しておらず
利用しようとするものでしかない。

受け取る愛の大きさが
自分が犯した過ちに対する免罪符になりえると考えることは
マナー違反だ。
愛への過信、感謝を忘れた心は
大切な人を傷つける。

自分が愛されていることを当たり前に感じる人は
時にその愛に驕り
相手を無碍（むげ）に扱って
わざと残酷な仕打ちをしたりする。
名前もおぼつかない会社の同僚や
初めて会う友人の友人
パスポートを発行してくれる旅券課の職員には
やさしくほほ笑みかけるのに、
上司には絶対につかないであろう悪態を
愛する人にはうっかり投げつけて
無自覚に傷つけたなんて覚えはないだろうか。

愛は金の卵を産むガチョウと同じ。
もっと、もっと、と欲を出して
ガチョウのお腹を割くが如く愛を傷つければ
卵もガチョウも失ってしまう。
思いやりや忍耐は
高級レストランのきれいに折られたナプキンのように
当たり前にそこにあるものではない。

相手の心の中で、そしてあなたの中で
自発的に生まれるものだ。

愛は対価を必要としないけれど、
それをよいことに
相手の愛情をほしいままに受け取ろうという欲は
遠からず二人のバランスを壊し
愛のシーソーを錆びつかせる。

ガチョウのお腹の中で卵が生まれるように
愛は生きた人の心の中で生まれる。
生きている感情であるからこそ
思いやりや忍耐、互いを気遣う言葉たちを糧に輝きを増して
大きく強く育っていくのだ。

あなたが愛に望むことが

愛を傷つけるようなことになってはいけない。

愛を信じることが

愛を軽んじることになってはいけない。

弱いほどに強いもの

「お腹へった」とは言えても
「会いたい」と言うのはためらわれる。
寂しさを訴えたら
相手に弱みを握られてしまうから。

もしそんなふうに思っているのなら
あなたの愛はまだ発展途中。

愛が深まるほどに
ひそかな胸算用やかけひきは消え、
傷つくことに予防線をはらなくても
安心していられる。

ささやかなプライドすら付け入る隙のない愛。
そんな気持ちをだれかと交わしているのなら
たとえ無防備な姿に見えたとしても
あなたは、最も強い愛を手にしている。

「別れよう」という出まかせの結末

スティーブ・ジョブズは
生死の境をさまよったあとの演説で語った。

人生は待ってくれない
心と直感に従う勇気を持つことが大切だ
残りは副次的なものに過ぎない、と。

前進することしか知らなかった彼は
死を垣間見ることで大切なことを悟ったようだ。

自分の死をリアルに想像することで、人生には新しい風が吹く。
最悪だった健康診断の結果に愕然とし
残りの人生をどのように過ごそうか思い直すように
生にとって死の影がプラスに働くことはある。

では愛にとって別れの影はどう働くのだろう?
生の先に死があることほど当然ではないが
愛の先に別れがあることもまた意外なことではない。
にもかかわらず現在進行形の愛には
「どんな障害も越えて永遠に続く」という暗黙の同意がある。

冬が来たら別れようと思って恋をする人はいない。
交わされる眼差し、ひたむきな情熱
尽きない思いやりは
行く末に別れがあると知っていたら容易には続かない。

仲を割かれることによっていっそう愛を深めた
ロミオとジュリエットでない以上
別れをほのめかすことは愛のためにならない。
現実に、別れを想像させるきっかけをつくってしまうからだ。

その想像を深めれば深めるほど、
もっと他にすてきな人がいるんじゃないかとか
別の人と過ごす時間はもっと楽しいかもとか
独りの時間を持ったら人生を変えられるかもなどという
誘惑に駆られないとも言い切れない。
別れを考えること自体が愛を揺さぶってしまう。

別れの予感を
愛を持続させるための脅し文句に使うことも危険だ。
「オオカミが来た！」と嘘をつき続け、
本当にオオカミが現れた時に
信じてもらえなかった羊飼いのように
「別れよう」という脅しを繰り返した果てには
自分で招いた現実が鋭い牙を見せて
あなたを待ち受けているかもしれない。
愛する人を傷つけるいたずらの代償は
本当の別れかもしれないのだ。

それが「生と死」と、「愛と別れ」の違いだ。
死を想像することは人生を有意義なものにもするが
別れを想像することはただ愛を涸れさせる。

愛は別れをほのめかす言葉ではなく
愛の言葉でつむがれ、
愛の言葉で続いていくものなのだ。

✉ 雲の中に、愛の言葉をつむいでみましょう

NO MORE ピンポンダッシュ

ピンポンダッシュと
ハートノックダッシュが
許されるのはお子様だけ。

前者はまだいたずらだといえるけれど
後者は無責任でわがままなだけ。

忘却と幻想の協業

忘却と幻想によって愛は持続する。

17歳の時ニキビだらけの子と
しっくりこないファーストキスをした記憶。
大学生になりたての頃つきあっていた彼が
実は何股もかけていたことがわかった時の記憶。
去年の秋、失恋後に自暴自棄になり
どうでもいい人とワンシーズンを過ごした記憶。

それらの苦い思い出たちは、
今目の前にいる人と恋に落ちることの妨げにはならない。

色とりどりのライトで飾られたクリスマスツリーに
何度だって心ときめくように、
恋に落ちる時はそれが何度目であろうと
生まれて初めてのように夢心地になるものだ。

それが、たとえ１００回目の恋だとしても。
人はまた、憂鬱な記憶を忘却のかなたへ送り出し、
甘い幻想の中へと足を踏み出す。

キツネの瓶とツルの皿

「ごちそうするからいらっしゃい」と、キツネがツルを誘った。
やってきたツルに、キツネは平たい皿に入れたスープをふるまった。
ツルはくちばしが長いので、飲むことができない。
今度はツルがキツネを誘う。
やってきたキツネに、ツルは細長い瓶に入れた肉をふるまう。
キツネはくちばしがないので、それを食べることができない。
イソップ寓話に出てくる話だ。

キツネには瓶が、ツルには皿が合わないように
あなたにとってどうしても合わない人はいるだろう。

一緒にいると心ならずも悲しい思いをさせられるその人と
「どうしてうまくいかないんだろう?」と
気に病む必要はない。
その人とあなたは単に器が合わないのだ。

そんなふうに、合わない器に失望したとしても
幾度かのちぐはぐな縁を経て
偶然立ち寄った蚤の市で
旅先のアンティークショップで
いつか必ず自分にぴったりの皿や瓶を発見する。

そうして初めて、愛はあなたに
温かい夕食のような
心の満足をもたらしてくれる。

終わる理由は終わったから

好きだから、のあとに続くのは
たとえばこんな言葉たち。

好きだから何をしててもかわいい
好きだから抱きしめたい
好きだから会いに行く
好きだから許す

けれどごくたまに
好きだから、のあとに
こんな言葉をつなげることもある。

好きだから別れる

この真意はというと
好きだからつらい思いをさせるのはイヤだ＝別れる
好きだから傷つけたくない＝別れる
好きだから君のためになることをする＝別れる
好きだからこそ＝別れる

といったところだろうか。
でも実のところ、それは相手を見くびった考えだ。
愛はそんなに弱くない。
無責任でも複雑でも無礼でもない。

真理は常に簡単明瞭。
「好きだから別れる」なんていうのは、ただの言い訳だ。
本当の気持ちを包み隠そうと甘美な響きを借りて
自分の至らなさをドラマチックに飾り立てようとする態度。
最後まで格好よくありたいというエゴの表れに過ぎない。

もしあなたが愛を終わらせたいのなら、言い訳はしないこと。
お互いが愛の幻想から抜け出し早く気持ちの整理をつけられるよう
たとえ無責任でも、格好悪くても、ろくでなしに見えても、
ただ別れを正直に伝えよう。
罪のない愛に濡れ衣を着せてはいけない。
それが愛した人への最後の思いやりであり礼儀だ。

愛に命をかけるシェイクスピアの時代は終わった。
愛が終わっても世界は続く。

だからもう正直になろう。

好きだから別れる?
愛が終わったから別れるのだ。

ラブソング（feat.クマくん）

暗い宇宙

王子様の惑星はB612※

暗い映画館

僕の惑星は君のシート番号B15

※B612
サン＝テグジュペリの小説『星の王子さま』に登場する、王子の故郷である小惑星。

別れに対する二つの態度

好きな人にフラれた時の態度は
失敗に対する態度と同じく二つある。

　　1. 自分自身の成長のチャンスにする
　　2. ただもうどこまでも落ち込む

1の場合は相手の写真を見つめて涙に暮れるより
鏡の中の自分を見つめて、美容院に行くことを選ぶ。
外見の変化は内面にも大きな影響を与えるから、
これは過去から遠ざかるためのよい方法だ。
これまで彼の好みに合わせてきたなら
自分好みのスタイルにチャレンジしよう。
ストレートのロングヘアをモードなベリーショートに
いつものアッシュブラウンを思い切って金髪に。
新しい髪型で美容院のドアを開ける時、
あなたは過去からさらにもう一歩遠ざかっている。

腹筋をつけるために熱心にジムに通う
やろうか迷っていたカリグラフィー講座や水泳をはじめる
恋愛中おろそかにしていたガールズトークに花を咲かせる
そんなふうに日々忙しく過ごすうちに、あなたは前より魅力的になっている。

それでも時にかつての記憶がノックもなしにひょいと顔を出し
やっと閉じた悲しみのドアを全開にしてしまうことがある。
友人に会ったあとのご機嫌な帰り道
バスの中でふと襲われるあの無防備な切なさ。
急に思い出が蘇り、もうあの日々はどこにもないのだと思うと
体の一部が失われてしまったかのようにぽっかりと穴が空いて
どうしようもなく涙がこぼれる。
日常から消えたのは彼一人なのに、
いつもの見慣れた帰り道もどこか足りなく感じられる。

そういう時は抗わず、悲しみにただ身を任せていい。
胸が痛いのは健康な心であることの証しだから。

そしていつか、
その悲しみをプラスのエネルギーに変えられれば
あなたは次の恋を、少し成熟した心で受け止めることができる。
世の中のすべての別れが
ため息交じりの悲しいラブソングである必要は、
まったくないのである。

・・・

さて、
別れに対するもう一つの態度（どこまでも落ち込むほう）に移ろう。
こちらも会社の打ち合わせの最中なんかに
思いがけずこぼれ出てくる涙に慌てることがあるけれど
不意打ちの後遺症は避けようがない。
けれどその後遺症からいつまでも抜け出せず
失った愛に長い間囚われてしまうのは、あなたのためにならない。

別れのきっかけをつくった自分への自己嫌悪と
もっとどうにかできたのではという後悔が
充分に悲しむことで薄まるかもしれないという期待。
涸れるほど泣けばそのうち終わりがくるだろうと、
つまみもなしにお酒を飲み
カーテンを閉め切ったまま積もったほこりの中に座って
ぼんやりと天井を見上げる。
カラオケであの人が好きだった歌を歌ってみたり、
懐かしい別れの歌をメドレーしたり。
別れのムードに自ら浸れば浸るほど
過去は美化されてしまう。

美しい旋律の別れの歌のように
悲しむほど美しい別れになるという思い違い。
もしあなたが、自分もドラマの主人公のように
悲劇のヒロインっぽいムードを醸し出しているだろうという
独りよがりの幻想に陥っているとしたら、
次のような事実に気づくべきだ。

ドラマの主人公はそのシーンを撮るまで、
長い間サラダとナッツ類という健康的な食事と
規則的な運動を続けながら、
やつれた姿でさえも現実とは比べものにならないほど
ロマンチックに演じているということに。

別れが自分の中で美化されていることを自覚して
この長いトンネルに留まっているのは本当に悲しいからなの？
と一度でも疑うことができれば
酔っ払って元恋人に電話をかけてしまうといった儀式を
省くこともできるはず。

あなたのその長い悲しみが、
悲劇のヒロインのカタルシスなのか
それとも本当の悲しみなのかを冷静に見極めること。
もし自分の心を浄化するためだけの儀式ならそこまでにしよう。
今更の後悔と涙で相手と自分をさらに傷つけるよりも、
過去の未成熟な愛を認め、今の自分自身に向き合うほうが
ずっとあなたのためになるから。

・・・

別れがつらいのは当然だ。
充分に悲しむことは、終わった恋への礼儀でもある。
その悲しみの品格を守りたいのなら、
あの人との共同作業だった愛を今一人で称えてみよう。

悲しみは、その受け止め方によって
より成熟した自分になるための過程となり、
次の恋の礎になる。
「いい恋だった」と振り返って言えるか否かは
別れに対するあなたの態度にかかっているのだ。

好きという言葉さえいらない時

？ ：あなたの横顔に語りかける
！ ：変わりつつある自分を発見した
() ：心の中で（会いたい）と思っている
… ：そう言うまでもなく気持ちが伝わる
、 ：あなたの肩で少し休んでいる

愛はさまざまな文字記号からなる。

たとえ終止符「。」が打たれた愛だとしても
それもまた、人生の1ページを彩る物語となる。

あなたの心には
愛の物語がいくつ刻まれているだろうか。

story 5

× ×

そしてこれからも + …
愛は続き、新たにはじまる

ずっと平行線

隣り合う平行線。
交わることはないけれど
この先もずっと共に進む。

愛は
ある時思いがけなくはじまり
こんなふうに続いていく。
持続こそ、愛そのものだ。

レッスン

「彼の目」で自分をチェック。

「彼女の味覚」で今日のメニューを品定め。

相手の立場で考えてみる。
元来、自分勝手な人も
愛することで
他人を理解する方法を学んでいく。

A.B.C. (After Becoming a Couple) 問題

昼と夜の境はどこにあるのだろう？
窓辺で本を読んでいる人にとっては明かりを点けた瞬間
主婦にとっては夕食をつくらなければと思う瞬間
都会のサラリーマンにとっては残業するかどうかを悩む瞬間
農家の人にとっては軒下、薄暗い庭の水道で足を洗う瞬間。

日が暮れれば夜になるという決まりきったことでも、人によって見方は変わる。
決まりきった事実は「枠」であり、
その枠の中で生まれる認識の差が「溝」だ。

たとえばニューギニア島に住むダニ族の女性が喜びを感じる状況と
韓国ソウルに住む女性が喜びを感じる状況はまったく異なる。
ダニ族の女性にとっての喜びは、採れたての buah merah の実を前に
子どもたちの母として、聡明な妻として
一族の繁栄を神に感謝する瞬間かもしれない。
ソウルの都会に住む女性にとっての喜びは、
映画の予告編のような胸躍る金曜の夜
友人の紹介で出会ったすてきな男性とレストランで食事を楽しみ
人生で三人目の彼氏ができることを予感した瞬間かもしれない。

だが、もしダニ族の女性とソウルの女性が無人島で出会い
四日目にやっと脂の乗った魚を捕まえたなら
二人はその時、同じ喜びを感じることになるだろう。
赤道の反対側に住む遠く隔たった者同士も共通の「枠」を持つ。
だから文化を超えて理解し合い、同じ感情を共有できる。
反対に、すぐ近くにいる人との間にも「溝」はあり
誤解は常に生じる。
互いに理解しようとする努力が必要不可欠だ。

・・・

恋愛となればなおさらのこと。
価値観を共有して違いを楽しみ、溝を埋めるための努力が続く。
カップルになりたての二人なら
昔ながらの居酒屋で焼酎と串焼を楽しむか
ミシュランの三つ星レストランでワインとフルコースを楽しむか
互いの好みを尊重しながら決めるだろう。

長い恋愛ののちに一緒に暮らしはじめた新婚夫婦は
お互いの価値観の溝に驚く。
洗濯物は当然、洗濯かごに入っているべきという認識と
浴室の前に転がっていてもかまわないという認識の差。
一人になりたい時は、同じ空間で別々のことをすればいいという認識と
それぞれ独立した時間と空間を持ちたいという認識の差。
「友人と週末会う約束」は伝えるだけでいいという認識と
パートナーの同意を得なければならないという認識の差。

こういった溝を埋めようとして、たびたびいさかいが起こる。
イギリスのグリニッジ子午線※によって世界時間が決まるように
自分こそが「基準」であり、その基準からかけ離れているほうが
ややこしい時差を生んでいるんだと言い張ったり……。
習慣と固定観念から生まれた二つのプレートに悪意はないが
それらは徐々にぶつかり合い、
ついには関係を揺るがす地震につながることだってある。
そうなった時、地盤の奥でゆっくりと煮えたぎっていた鬱憤のマントルは
苛立ちと怒りの混ざり合った言葉を伴って噴火し、家中を火山灰で覆うのだ。

※グリニッジ子午線
ロンドン郊外の旧グリニッジ天文台にある子午環の中心を通る子午線。地球の経度を決める基準。

・・・

とはいえ、二人の間にどんなにたくさんの「溝」があっても、
愛はその関係を失意と憤りで終わらせるようなことはしない。
嬉しいことに「溝」を多く発見したということは
とどのつまり、その関係が非常に近しくなっていることとイコールなのだ。
洗濯物について、一人の時間について、友人との約束について
会社の上司を相手に互いの基準を述べ合うことは永久にない。

だから溝にばかり目をやらず、
今共に過ごしている甘く大切な時間に目を向けよう。
週末の朝、絶望的だった洗濯物についての溝が
その午後、二人前のそうめんでたやすく埋まることもあるし
一人の時間についての溝は口論のあと
共に過ごす時間の心地よさを実感して
自分の基準点をずらすことで埋まることもあるから。

理解する努力と一緒にいる時間を重ねることによって
互いに譲り、慣れていけば
かつて地震があったとは想像もつかない平和な野原のように
おだやかな関係が形づくられていく。

自分とは考えの異なるだれかと出会い
「溝」を通して未知の世界をのぞき
違った価値観を学ぶ。
そんなふうにして視野を広げ、自分を広げる。
「溝」を埋めながら、自分の短所を認め
相手の短所を包み込む大きな人間になる。
愛が人を育てるとは、そういうことだ。

もちろん、浴室の前に転がっている靴下を見つけると、
思わず「もう、また！？」と鬼の形相で叫んでしまうことは
しばしばあるだろうけれど。

ちぐはぐだけど

ボトルの口は狭く
グラスの口は広い。
そのおかげで
ワインを注ぎやすい。

ちぐはぐだけどちょうどいい。
口の広さは異なれど、両者は結局
似たような丸みを備えている。

人間同士の関係も同じだ。
姿形は異なれど
しっくりくる関係。

心を通わせながら
似たもの同士になっていく二人。

愛も熟すほどに
かぐわしいワインとなって
互いをやさしく抱きとめる。

偶然か、運命か

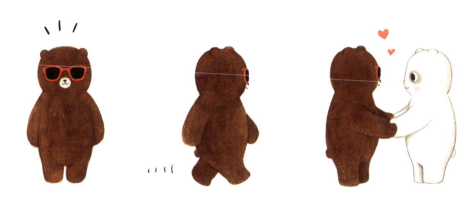

この世に生まれたから君に会えたのではなくて
君に会うためにこの世に生まれた。
僕はそう信じたい。

取っておかなかったロールケーキ

恋に落ちるきっかけが尽きないように、ケンカの火種もまた尽きない。
「彼がわたしの分のロールケーキを取っておかなかった！」
なんていう理由で、会社ではいつも寡黙で落ち着いていると評される主任が、
家では子どもみたいにふてくされていることもありえる。

こんな些細なことなら、
すぐ解決するだろう。
でも時に「こんな些細なこと」が引き金となって
記憶の引き出しに詰め込んでいた過去のイヤな出来事を蘇らせ
危険なケンカを引き起こすことがある。

ロールケーキを取っておかなかったことが、
1. 仕事帰りに3時間待たせた挙句連絡が途絶えた
2. クライアントとの会食だと言ってたのに実は友人と飲んでた
3. 出張から戻ってしばらく音沙汰がなかった
という3点セットの思い出を呼び覚まし、
「彼は自分勝手なひどい人」という結論に至ったりするのだ。
ロールケーキが決定打のように見えて
「こんなことで……」とげんなりするかもしれないが、
よく見ると、過去に未解決だった問題が
ロールケーキによって明るみに出ただけのこと。
おもち、コロッケ、たこ焼き……どれもがスイッチになりえる。

でもケンカには良い作用もある。
互いへの理解のページを広げるチャンスなのだ。
幾層にも重なったペストリーがおいしいように
ケンカはむしろ、より深みのある関係を築いてくれる。
ケンカを通じて相手を知れば知るほど
「ケーキやフライドチキン、小籠包は取っておいて」
「運転中は会話に集中できない」
「恋人にチェック柄の服を着てほしくない」
「一所懸命捜してくれた四つ葉のクローバーは嬉しいけど、
バカでかいぬいぐるみはもらっても嬉しくない」などなど
愛する人のマニュアルを完成させることができるというわけだ。
(両親にもつくれない、あなただけの個人所蔵マニュアル)

ケンカの火種は相互の思いやりを深めてもくれる。
運転中におしゃべりする代わりに集中できるよう
デューク・ジョーダンのアルバム
「フライト・トゥ・デンマーク」を流してあげたり
チェック柄はやめてストライプのパーカでおそろいにしたり。
一方こちらが落ち込んでいる時には
残り1個のラズベリープリンと
(ロールケーキ事件がなければ迷わず食べていただろう)
そっと添えられた四つ葉のクローバーのペンダントに感動したり。

何度ケンカをしたって大事な事実は変わらない。
たとえ恋人が幼稚な理由でふてくされたとしても
つらい時ぎゅっと抱きしめてくれたこと
病気で寝込んだ夜につくってくれたおかゆ
料理を注文する時、フォーはパクチーを抜きでと言い添える心遣い
これらは本物だ。
そして、次にまた新たなケンカが勃発しても
同じことをしてくれるのは他でもない、
今目の前でふてくされている人なのだ。

湖に広がる波紋は、波紋には違いないが、
降り注ぐ陽射しによっていっそう輝かしい風景にもなる。

恋人たちのケンカは湖の波紋のように
揺らぎはしても結局は、輝く光を生むのかもしれない。

LIVED HAPPILY EVER AFTER

不確実だからこそ

目の前を飛んでいくタンポポの種が
どこで花を咲かせるのか
わたしたちは知らない。

今日を生きるために
必ずしも確かな明日がある必要はない。

今この瞬間を、存分にときめこう。
ぼんやりと未来に期待しよう。
そして幸せになろう。

完璧な日にしか笑えないなら
人生で笑える日はいくらもないのだから。

KISS & HUG & LOVE

何も言わずに
最も熱烈な言葉を伝えるのがキス。
言葉では伝えられない
最も大きな癒しを与えるのがハグ。

散歩という薬

あなたが今人生のどのあたりを歩いているのか
散歩は教えてくれない。

ビッグプロジェクトの最初の山場
権利より責任ばかりが増す30代半ば
簡単には解決しそうにない悩み事を抱えながら
別れの後遺症にもう少しで打ち勝てそうなところだとは
散歩は教えてくれない。

ただ、
雲一つない空の下
さわやかな風に吹かれながら
芽吹きはじめたばかりの野道に花が咲いていることは教えてくれる。
あなたが今ちょっぴり汗をかいていることも……。

人生を歩むことがつらいと感じたら
道を歩いてみるといい。
心のざわめきは徐々に遠のき
鳥の鳴き声と風の音、川のせせらぎが聞こえてくる。

深く息を吸い込んだ時
忘れていた何より大きく嬉しい事実、
「今ここに生きている」ことを思い出すだろう。

陽射しと風、風に揺れる草と木。
足の裏の土の感触だけで
充分に幸せなのだという事実を。

散歩という薬は
再び人生を歩み出す力を与えてくれるのだ。

V.P.P. (Very Precious Person) 問題

次の二つの文章を見てみよう。

　　A. 君は僕にとって重要な人だ
　　B. 君は僕にとって大切な人だ

Aは「価値の効用」を、Bは「存在の価値」を語っている。
Aは理性的かつ冷静で分析的な観点、
Bは感情的かつ寛大で総合的な観点に立つものだ。
Aは他人の視線を重視し
Bは他人には見えない部分を重視する。
Aの「君」は目的のための手段であり
Bの「君」はそれ自体が目的になる。

たとえば、次のような文章に置き換えてみよう。
A. 君の美しさは、君を愛する「重要な」理由だ。
B. 君のお腹のぜい肉は、君を愛する僕にとって「大切だ」。

美しさには客観的基準と主観的基準があり、

アイドルに求められるような
少女漫画的な美しさにときめく人がいる一方
個性的な美しさを好む人もいる。
外見の魅力は最終的にその人への愛情に起因するので、
客観的には理解されなくても
主観的に、愛する人のお腹のぜい肉を
かわいいと思うことはまちがっていない。

その結果、
女優の写真集を見ている彼に
「この人とわたし、どっちがきれい？」なんて
ずけずけと聞けるようになり
聞かれたほうは1秒たりともためらわず答えられるようになる。
他人は決して納得しないだろうその答えが、
二人にとっては真実と感じられるようになるのだ。

愛というマクロの観点からその人を見るようになると
多少の欠点や一部の外的・内的短所は
霧のベールに覆われた夜明けの街のように包み込まれる。

けれど、恋愛の真似事のような生半可な気持ちでは
この「母なる自然」の如き大らかさを持つことはできない。
何らかの理由や付加価値をつけて人を好きになるうちは、
その人のお腹のぜい肉を賛美することなど
想像もできないだろうから。
Aのように、恋人の「客観的な美しさ」にひときわ重きを置く場合
愛しているのはその人そのものではなく、
その美しさによって得られる別の効用だ。
たとえば、他人に見せびらかすための道具にしているとか。
その場合、「効用」がなくなった時、愛もなくなる。
客観的に、冷静に、批判的な目で恋人を評価し、
その評価基準にのっとって別のだれかを探しはじめるだろう。

「効用」のものさしは性格、職業、習慣、背景など
あらゆるものに当てられる。
裕福な家庭に生まれたことを隠して
真の愛を求めるというありふれたストーリーの主人公は、
自身の「効用」つまり経済的価値ゆえに愛されたいわけではないのに。

わたしたちは、Bの視線で愛されたいと願う。
ある魅力的な理由によって重要な人になりたいのではなく、
ある魅力的でない理由にもかかわらずだれかの大切な人になりたい。
だれかが自分のことをお腹のぜい肉も含めて好きでいてくれることは
広く孤独な宇宙において大きな慰めとなる。
失敗も短所も大らかな気持ちで受け入れられ
自分の行動の一つひとつを、理性的かつ分析的な視線ではなく
愛という感情のマクロの観点から見つめてもらえることは、
すべてをジャッジするおびただしい視線に囲まれた世界において
あなたに温かいくつろぎを与えてくれる。
だがやはり時折、「重要」と「大切」を混同して
これが愛なのだと勘違いしたり、相手が結局
理由をつけて自分を好きだったのだと気づいて傷ついたりもする。
あるいは、自分自身が愛に効用を求めていたことに気づいて
がっかりすることも。
これらは愛が壊れる理由の一つだ。
Aの視線にはじまった小さな好意が、Bの真の愛となることは
ありえないことではないとしても。

どんなに多くの人々にとって
「重要人物（Very Important Person）」になろうとも、
たった一人のだれかにとって「大切な人（Very Precious Person）」になる経験だけが、心臓が止まる最期の瞬間に、あなたの心を温めてくれる。

連日の夜勤明け、こっそり会社まで迎えに来てくれた恋人を見つけ
計り知れない幸せを感じること。
「愛してる」という言葉に、ためらいなく同じ言葉を返せること。
「ただそこに存在してくれるだけで充分」という想いを経験すること。
これこそ、心からの愛がもたらす
最も大きく美しいプレゼントなのだ。

ある魅力的な理由によって
だれかの重要な人になりたいのではなく、
ある魅力的でない理由にもかかわらず
だれかの大切な人になりたい。

憎しみから自由になる

愛と憎しみは対極にあるけれど
どちらも関心と時間、エネルギーを糧に育つ。

愛は深まるごとにあなたを成長させるけれど
憎しみは松の木についたネナシカズラ※のように
大きくなればなるほどあなたを蝕む。

許せないことがあるのなら心に留めず
今すぐ宙に放って
そのまま忘れてしまおう。

憎しみがあなたをつかんで放さないのではなく
憎しみにしがみついているのは自分自身。
あなたは選ぶことができるのだ。
解き放った瞬間、憎しみは消えさる。
思っていたよりもずっと簡単に。

※ネナシカズラ
ヒルガオ科。一年草の寄生植物。

そして、あなたは自由になる。
その分たくさん愛せるようになる。

憎しみから自由になるのもあなた次第。
愛することが自由なように。

つながる星 その1

何光年も離れた星々をつないで星座をつくったのは
孤独な人間の本能かもしれない。

ひとりぼっちで光る時には意味を持たなかった星は
つながることで水瓶となり、天秤となり、双子となって
共に語り合う物語となった。

あなたとわたしも星のように
隔たりを飛び越え、つながることで
これから何度でも語り合い
豊かな人生の物語をつむいでいく。

わぁ
すごい!　　　　　　　あっ、流れ星!

つながる星 その2

「この星」は僕らが生きることで
「僕らの星」となった。
「あの人」は僕が共に生きることで
「僕だけの君」になった。

満天の星空の下
今僕は、
僕らの星で僕だけの君を
こんなにもそばに感じている。

あ、シロクマちゃんの
ネイルかわいいね

えへへ♡

人生に凍えそうな冬が来ても

渡り鳥のようにやってきて
留鳥のように居つくのが愛だ。

温かい寝床を探して数百キロを渡り
やっと「君」を見つけて春夏秋を過ごす。

そしていつか人生に凍える冬が来ても
決して去ることはない。

愛の図形論

君に出会ってから
トゲトゲで
カチコチだった僕の心が

足取り軽く走りはじめた。

隠していた気持ち
勇気を出して伝えると

毎日が驚くほど
カラフルになった。

夜空に
星が輝き

一緒に食べた
初めてのフルコース料理も

屋台のソフトクリームも
同じくらいおいしくて

僕は君という海を渡る
好奇心旺盛な
航海士となった。

鳥のように
空を飛べそうな気分

女王の隣に座る
王様になった気分

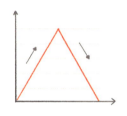

上昇気流の時もあれば
下降気味の時もあるけど

心のバランスを
たもつ術を学んだから
もう大丈夫。

エレベーターを降りる人のために
「開く」ボタンを押す余裕も生まれ

見上げるほど高い山に
君と登る勇気も得た。

あんなにトゲトゲしていた
僕の心は
いつの間にかそよ風の吹く
野原のように広くなっていた。

愛によって僕は変わった。
そしてこれからも、

僕は君のための演奏を
やめないだろう。

ロマンスの完成

つなぎ合うしわだらけの手が美しく見えるのは、
そこに刻まれた数多くの人生の曲がり角を
つないだ手と手で一緒に乗り越えてきたから。

長い月日と同じだけの信頼がそこにはある。
二人の背中に
ロマンスの完成が映し出されている。

年をとることが楽しみになる言葉、
それは

「僕たちもあんなふうに年をとろう」

Hug Your Life
愛、その無限の癒しをあなたに

少し前、インスタグラムにメッセージが届きました。
日本の読者が直筆で書いた手紙を写真に撮って送ってくれたのです。
「翻訳機を使ったので不自然な部分があるかもしれない」と
書いてありましたが、
彼女の想いはまっすぐわたしの心に伝わりました。
その手紙の一部をご紹介します。

······

はじめまして。
あなたの書いた本に感動してメッセージを送ることにしました。

わたしはいつも不思議に思っていました。
思い悩んでいました。

そして偶然見つけたあなたの本を読んで、
涙しました。

わたしの心はこの本に救われました。
本当にありがとうございます。

わたしは日本の読者です。
次回作も翻訳されることを心から願っています。

......

「+1cm」シリーズが翻訳出版されてから、
海外からもメッセージをいただきます。
中でもこの、一文字一文字ハングルで丁寧に書かれた手紙には
とても感動しました。
「心が救われた」という感想は、わたし自身の心の救いでもあります。
綴った文章が、近くや遠くにいる言語の異なる人々に届いて力となり、
その人生に変化をもたらしているなんて奇跡そのもの！
この上なく感動的で、作家冥利に尽きます。わたしが読者に送った力が、
こうして再び、わたしに力を与えてくれています。

今回の「+1cm」のテーマは「愛」。
耐え難いほど生きにくいこの世の中で、
唯一わたしたちを支えてくれているものです。
愛は当然のように、なんの躊躇もなく、すんなりと温かい居場所を生み、
冷たい世間や心無い言葉に傷ついてちっぽけに感じていた自分を
もう一度特別な存在だと思わせてくれる。
愛によってわたしたちは才能や財産、運といった、
自分のことなのにうまくコントロールできない事柄から解き放たれ、
存在そのものを歓迎され、やさしい言葉に包まれ、
温かい懐に抱いてもらえる。
キュウリが嫌いだった子どもの頃と同じように、
嫌いなものは嫌いと駄々をこねられる小さな事実。
それは大人になったわたしたちにとって、大きな癒しです。

つらい現実で愛が救いとなるように
この本が国や言葉を超えて多くの読者の救いになったら、
という気持ちを込めて書き綴りました。

読み手の心がほんの少しでも癒されたなら、
それは作家の心をもやさしく癒してくれることでしょう。
わたしのもとに届いたあの手紙のように。

あなたの人生を遠くから、心から、
応援している人がいることを忘れないでください。
毎日1cmずつ、あなたがいっそう幸せになりますように。
感謝の気持ちを込めて。

愛が、そして人生が
よりいっそう輝くことを願いつつ――

キム・ウンジュ

+1cm Love
たった1cmの差があなたの愛をがらりと変える

2019年9月18日	第1刷発行	
2022年5月30日	第6刷発行	

著者	キム・ウンジュ ヤン・ヒョンジョン	
訳者	カン・バンファ 文響社編集部	
日本語版デザイン	小木曽杏子 稲永明日香	
手書き文字	菅原実優	
編集	森彩子	
発行者	山本周嗣	
発行所	株式会社文響社 〒105-0001 東京都港区虎ノ門2-2-5 共同通信会館9F	
	ホームページ https://bunkyosha.com	
	お問い合わせ info@bunkyosha.com	
印刷	株式会社光邦	
製本	本間製本株式会社	

本書の全部または一部を無断で複写（コピー）することは、著作権法上の例外を除いて禁じられています。
購入者以外の第三者による本書のいかなる電子書籍化も認められておりません。定価はカバーに表示してあります。

Japanese text ©2019 Bang-Hwa Kang, Bunkyosha ISBN978-4-86651-150-4 Printed in Japan
この本に関するご意見・ご感想をお寄せいただく場合は、郵送またはメール（info@bunkyosha.com）にてお送りください。